BEI GRIN MACHT SICH IHR
WISSEN BEZAHLT

- Wir veröffentlichen Ihre Hausarbeit,
  Bachelor- und Masterarbeit

- Ihr eigenes eBook und Buch -
  weltweit in allen wichtigen Shops

- Verdienen Sie an jedem Verkauf

Jetzt bei www.GRIN.com hochladen
und kostenlos publizieren

Insa E. Schmidt

Die britische Kolonialmacht in Indien. Territoriale, ökonomische und sozio-kulturelle Teilung der Bevölkerung zur Stabilisation der Fremdherrschaft

GRIN Verlag

Bibliografische Information der Deutschen Nationalbibliothek:

Die Deutsche Bibliothek verzeichnet diese Publikation in der Deutschen National-
bibliografie; detaillierte bibliografische Daten sind im Internet über http://dnb.d-
nb.de/ abrufbar.

Impressum:

Copyright © 2012 GRIN Verlag GmbH
Druck und Bindung: Books on Demand GmbH, Norderstedt Germany
ISBN: 978-3-656-25956-5

Dieses Buch bei GRIN:

http://www.grin.com/de/e-book/196873/die-britische-kolonialmacht-in-indien-ter-
ritoriale-oekonomische-und-sozio-kulturelle

Divide et impera – Wie die britische Kolonialmacht durch territoriale, ökonomische und sozio-kulturelle Teilung der indischen Bevölkerung versucht, ihre schwankende Fremdherrschaft über den indischen Subkontinent zu stabilisieren.

Als das Vereinigte Königreich 1857 die Kontrolle über die East India Company übernimmt, beginnt die Ära der britischen Kolonialherrschaft über den indischen Subkontinent. Indien wird zum „glittering gem of the crown" – große wirtschaftliche Schätze, Güter und Steuereinnahmen füllen die britische Staatskasse. Neben dem Profit bringt die Größe des gewonnenen Territoriums dem Königreich Prestige und bekräftigt seine Stellung als führende imperiale Großmacht Europas. Mit Ausbeutung und Unterdrückung des indischen Volkes hält sich das britische Königreich bis 1947 an der Macht über das gesamte Land, dessen Territorium sich über den gesamten Subkontinent samt dem heutigen Pakistan und Bangladesh erstreckt. Über mehr als ein Jahrhundert lang wehrt sich die indische Bevölkerung, mal mehr, mal weniger, mit Aufständen gegen die Fremdherrschaft. Divide et impera, teile und herrsche: Gegen die rebellischen Bewegungen nutzen auch die Briten die alte Strategie der Teilung von Territorien, Spaltung der Bevölkerung, Verwirrung der Sozialstruktur, um die indische Bevölkerung leichter zu kontrollieren. Im Folgenden werde ich beschreiben, wie die britische Herrschaft über Indien nach der „Divide-et-impera-Strategie" regiert.

Im ersten Teil beschreibe ich die Situation in Britisch-Indien ab 1857 bis etwa 1900, um das Agieren und Verhalten der Briten auf dem indischen Territorium verständlich zu machen. Im zweiten Teil beschreibe ich anhand einiger Ereignisse zwischen 1900 und 1920 die politisch-rechtliche und die soziale Situation der indischen Bevölkerung. Identitäten bilden und verstärken sich, religiöse Unterschiede werden hervorgehoben und es entstehen Konflikte zwischen Hindus und Muslimen, wodurch die Herrschaft der Briten zunächst stabilisiert wird. Doch es beginnt auch eine Bewegung, die trotz geschürter Differenzen um Religion und Kultur eine Kooperation von Muslimen und Hindus hervorbringt und nur ein Ziel vor Augen hat: eine eigene Regierung und die Unabhängigkeit von der britischen Krone.

Schon im 18. und zu Beginn des 19. Jahrhunderts zeigt sich in der Regierung durch die East India Company (EIC) ein harter Führungsstil, dessen „Divide-et-Impera-Strategie" sich durch sämtliche Handlungen zieht. Das indische Wirtschaftssystem wird zugunsten der Briten zerschlagen und durch ein Neues ersetzt. Die heimische Textilindustrie, Händler und Bauern werden zusehends von den Briten abhängig gemacht. Die wachsende Industrialisierung verdrängt die Wirtschaftskraft indischer Manufakturen. Das neu eingeführte Steuersystem beutet die indische Bevölkerung aus, bedingt Verluste von Land- und Privatbesitz und führt mit den zusätzlichen Preiserhöhungen auf nun benötigte Waren zu Armut, Hungersnöten und Epidemien. Die britische Industrie ist den Kolonialherren von Anfang an wichtiger als Gesundheit, Wohl und Leben der indischen Bevölkerung. Vielerorts entsteht Wut seitens der Inder, die durch die zusätzlichen Eingriffe der Briten in kulturell-religiöse Themenbereiche (z.b. Sati-Verbrennung) weiter geschürt wird. In der großen Revolte von 1857 kämpft die indische Bevölkerung gegen das Vorgehen der Fremdherrscher, die Gesellschaft zu unterdrücken, auszubeuten und die indische religiös-traditionelle Lebensweise mit britisch-westlicher Kultur respektlos zu übermannen. Ein britischer Beamter beschrieb den Zustand vor 1857 wie folgt: „Our system acts very much like a sponge, drawing up all the good things from the bank of the Ganges, and squeezing them down on the banks of the Thames" (P. Heehs, India's Freedom Struggle, S. 20) .

Das Bewusstsein für die Größe des Subkontinents kann erstmals erahnt werden, als die Briten mit dem Ausbau der Infrastruktur beginnen. Der Bau der Eisenbahnlinie um 1853, die Züge und Telegrafen haben für die indische Bevölkerung viele Vorteile. Doch in den konfliktreichen Folgejahrzehnten werden sie zum Symbol der Fremdherrschaft, sodass sie in den oppositionellen Bewegungen des 20. Jahrhunderts vielfach angegriffen und zerstört werden. Zunächst entsteht durch die territoriale Vernetzung ein Zusammengehörigkeitsgefühl: Der gesellschaftliche und kommunikative Austausch über Provinzen hinweg kann sich entwickeln und lässt das Bewusstsein für eine Einheit mit gemeinsamer Geschichte und Kultur entstehen. Die Briten profitieren von diesem Ausbau: Die koloniale Machtstellung auf dem Subkontinent wird untermauert, Handel und Gewerbe florieren auch aufgrund der verkürzten Transportwege, die Steuereinnahmen steigen.

Das Einnisten der Briten auf dem Subkontinent ist getragen vom imperialistischen Gedanken, wobei wirtschaftliche Interessen im Vordergrund stehen. Der Umfang der gesellschaftlichen Differenzen und das von Anfang an abstruse Verhältnis zwischen Briten und Indern deutet dabei darauf hin, dass eine gesellschaftliche Sprengung der indischen Gesellschaft von vorneherein absehbar war.

Ein Autor der Zeitschrift Geo beschreibt das britische Gefühl gegenüber Indien um 1900 als ein „merkwürdiges Missbehagen, ein Gemenge aus Selbstzufriedenheit und Ekel" (Geo Epoche Indien; Heft 41, S. 94). Im Folgenden möchte ich das Verhalten der Briten auf dem indischen Territorium an einigen Beispielen erklären.

Um 1900 kommen viele Briten nach Indien mit dem Gedanken, dort über Untertanen zu herrschen, wilde Tiger zu jagen, exotische Abenteuer in der Ferne zu erleben – und dafür auch noch Geld zu verdienen. Alleine die Tatsache, dass die britischen Kolonialherren zu jener Zeit jährlich im Frühjahr aus ihrem Regierungssitz Kalkutta ins Himalaya-Städtchen „Klein-England" (Geo Epoche Indien; Heft 41, S. 94) Simla flüchten, zeigt, dass sich nicht nur der britische Körper gegen den Indien-Aufenthalt sträubt und spürt, dass er nicht dorthin gehört. Die klimatischen und hygienischen Bedingungen strapazieren die Nerven der „Kulturbringer" (Geo Epoche Indien; Heft 41, S. 94) aus dem rauen Nordeuropa. Auch die Konfrontation mit dem puren Indien im überfüllten Kalkutta können die Briten nur ertragen, wenn sie sich in der wohl kanalisierten und mit ausreichend Stromleitungen ausgestatteten „White Town" (Geo Epoche Indien; Heft 41, S. 94) von der „Black Town" (Geo Epoche Indien; Heft 41, S. 94), dem Viertel mit den dunklen Hautfarben, abgegrenzt sehen. Divide – und baue dir ein Nest, das dich in der Ferne an dein Eigenes erinnert! Selbstzweifel, Heimweh und Einsamkeit wandeln die stolzen Briten schlichtweg um in Erhabenheit und Macht, die sie nicht nur in ihrer unterdrückenden Politik, sondern auch im alltäglichen Umgang mit der indischen Bevölkerung vertreten. Impera – und vergiss deine Zweifel, unterdrücke die „Primitiven" und baue dir auf ihre Kosten ein Fundament, das dich in der Ferne trägt!

Der Begriff „Zwei-Klassen-Stadt" (Geo Epoche Indien; Heft 41, S. 94) für Kalkutta mit dem damaligen britischen Regierungssitz steht stellvertretend für die Situation im ganzen Land. Eine weiße Minderheit regiert die „Dunklen", die „Ungebändigten", deren kulturelle und religiöse Vielfalt die Pragmatiker schlichtweg überfordert und deren gesellschaftliches Leben, deren Alltag sie verzweifeln lässt.

Dass die indische und die britische Kultur unterschiedlicher nicht sein können, ist offensichtlich. Die britische Alltagsordnung ist straff durchorganisiert, wohingegen der Inder den Tag oft auf sich zukommen lässt. Der Brite sitzt aufrecht am Tisch und isst mit Messer und Gabel, die „Anderen" sitzen auf dem Boden und genießen das Essen mit Händen im Kreise der Familie. Der Brite verehrt den Staat und betet zu Jesus Christus, der „Andere" zu Gott und Göttern und hält sich dabei an die Vielzahl von religiös-kulturellen Vorschriften und Riten, die der Brite auf indischem Terrain zusehends mehr als sprichwörtlich mit Füßen tritt. Wilde Abende mit Alkohol und Schinken sind in den britischen Clubs ohnehin beschränkt auf die weiße Oberklasse. Ein Spiegel der Gesellschaft – durch die bewusste Ab- und Ausgrenzung wird deutlich, wer die Macht hat. Eine gesellschaftliche Teilung ist folglich notwendig, um die Herrschaft überhaupt zu legitimieren. Im britischen Sinne: Sie ist nötig, um die Wilden zu zähmen und um den Indern die Reinheit der britischen „Rasse", diesen

„Gipfel der Menschheitsgeschichte" (Geo Epoche Indien; Heft 41, S. 101), als neuen Maßstab in einer neuen Zeit zu präsentieren.

So lassen sich auch Überforderung und Unverständnis seitens der Briten leicht verdrängen: Betrachte es als deine Pflicht, als „white man's burden" (Geo Epoche Indien; Heft 41, S. 101), diese „rückständigen Kinder" zeitgemäß zu formen und in dieser Ferne für Ordnung zu sorgen. Überheblichkeit statt Überforderung: Drücke die „Primitiven" in deine Unterwerfung - et impera!

Eine Orientierung im Sinne des britischen Ordnungsprinzips scheint das Kastensystem zu bieten. Hierarchie, Rangfolgen, Erniedrigungen und Unterwerfungen überziehen den Subkontinent und spielen dem britischen Gedanken der kolonialen Vormachtstellung eindeutig in die Hände. Sie sehen ihre harte und durchgreifende, diktierende Führung durch die Ordnung des Kastensystems legitimiert und nutzen es zugleich aus, um hierarchische, wenn auch im Kastensystem bereits veraltete Differenzen hervorzuholen, zu unterstreichen und so die gesamte Sozialstruktur zu verwirren (vgl. Geo Epoche Indien; Heft 41, S. 101). Diese zunehmende Spaltung der Gesellschaft verstehen die Briten als angemessen und notwendig, um Indien in ihrem Sinne zu ordnen und an ein europäisches politisches System mit säkularen Werten anzupassen. Doch übersehen sie dabei, dass das Kastensystem eine jahrtausendealte Hierarchie für die Inder darstellt, über die sich nur Gott und Götter erheben können und niemals bloße Weiße, denen jedes Gespür für indische Pflichten, Riten und Traditionen gepaart mit der ungreifbaren Höhe an Spiritualität fehlt.

Als wäre die Überlegenheit der Briten nicht schon offenbar genug, blasen sie auch in ihrer Freizeit ihre Herrschaft auf und präsentieren sich auf Rennbahnen, Jagden, beim Cricket oder Polo und lenken sich so von Überforderung, Heimweh und Ekel ab. Gleichzeitig kann der Unterschied zwischen einheimischer Bevölkerung und den Briten als Kolonialherren nicht deutlicher werden: Pomp gegen Armut, Fortschritt gegen Rückständigkeit, Weiß gegen Dunkel, Macht gegen Unterwerfung.

Bei diesen Gegensätzen bleibt Widerstand nicht aus. Bengalens Oberschicht organisiert um 1905 vermehrt Demonstrationen. Dabei wird zum Boykott britischer Waren und Bildungseinrichtungen aufgerufen, man stellt sich gegen die britische Fremdherrschaft. Gleichzeitig wird der Kauf heimischer, indischer Produkte propagiert: Die Swadeshi-Bewegung lebt von dem erwachten Nationalgefühl der Inder, die sich durch die wachsende Unzufriedenheit über die britische Fremdherrschaft mehr und mehr nach Unabhängigkeit und Selbstregierung sehnen. Gerade zu dieser Zeit bestimmt Lord Curzon die Teilung Bengalens in die Provinzen Ost- und Westbengalen. Offiziell verfolgt der britische Vizekönig die

Absicht, regionale Disparitäten auszugleichen und die bislang zurückgebliebene Region

Bengalen durch die Teilung fördern zu wollen. „But documents not made public at the time

show that one of the government's main objects was to split up and thereby weaken a solid

body of opponents to our rule" (P. Heehs; India's Freedom Struggle, S. 61).

Divide: Die Teilung bewirkt eine Zunahme der Spannungen in der Region bis hin zu einer

Verschärfung der Differenzen im Indischen Nationalkongress zwischen Nationalliberalen und

Nationalrevolutionären. Der Indische Nationalkongress spielt seit seiner Gründung 1885 eine

wichtige Rolle in dem Kampf um Mitspracherecht und Einflussnahme der Inder in Politik und

Rechtssystem. Die Partei fordert die Selbstregierung und den Boykott britischer Waren;

schließlich tritt sie gegen die Teilung Bengalens auf. Die Muslim-Liga hält hingegen an der

Loyalität zu den Briten fest, ist für die Teilung in Ost- und Westbengalen und gegen die

Boykottkampagne.

Mit dieser politischen Spaltung ist die indische Nationalbewegung zunächst entzweit. Sie

hatte sich seit Ende des 19. Jahrhunderts als Antwort auf die Unterdrückung und Abgrenzung

gebildet, bewirkte eine Rückbesinnung auf die eigene, indische Geschichte und wuchs im

Sinne einer indischen Renaissance - ein neues Nationalgefühl und der Wunsch nach

Unabhängigkeit und Selbstregierung waren geboren.

Die Teilung Bengalens erfolgt gewissermaßen nach Religionszugehörigkeit. Die Hindu-

Minderheit in der Region ist empört über die Teilung, die Spannungen innerhalb der Hindu-

Muslim-Gesellschaft nehmen zu. Lord Curzon „scheute sich auch nicht, diesen

religionsgemeinschaftlichen Aspekt ausdrücklich hervorzuheben und den Muslimen die neue

Provinz zu empfehlen". (D. Rothermund, Geschichte Indiens, S. 67).

Doch wie kann diese Teilung den Briten derart in die Hände spielen? Was bewirkt eine

Teilung in Provinzen für die regionale Gemeinschaft? Auch eine territoriale Teilung sorgt für

Verwirrung, Unsicherheiten und für ein Infragestellen der vorherigen Einheit. Die Teilung

mag dem einen berechtigt erscheinen, für den anderen bleibt sie unverständlich. Eine Teilung

nach religionsgesellschaftlichen Kriterien schürt in unsicherer Zeit das Zugehörigkeitsgefühl

zur eigenen religiösen Gemeinschaft. Die Gesellschaft gerät in eine große Identitätskrise,

Identitäten werden verworfen und neu herausgebildet, sie geben Halt, die identitäre

Gemeinschaft gibt Halt – so entstehen Spannungen und Differenzen. Dieser Prozess stiftet

Verwirrung und lenkt ab von oppositionellen Bewegungen gegen die Kolonialherren. Die

einheimischen Gegner sind als regionale Gemeinschaft geschwächt und beschäftigt mit

innergemeinschaftlichen Konflikten. Indische oppositionelle und nationale Bewegungen agieren weiter, doch sind sie zunächst irritiert, sodass die Briten samt ihrer Vorherrschaft zunächst weiter geduldet werden.

Die Teilung Bengalens wird 1911 revidiert. Als jedoch gleichzeitig die Hauptstadt von Kalkutta nach Delhi verlegt wird, wächst Delhi zu einem prächtigen, imperialen Zentrum heran, während Kalkutta die andauernde Spaltung der Gesellschaft ertragen muss und von den Briten vernachlässigt wird.

Die politische Führung der Briten unterbindet jegliches Mitspracherecht der indischen Bevölkerung. Bei wachsenden nationalen Bewegungen zu Beginn des 20. Jahrhunderts reagieren sie mit Unterdrückung und Restriktionen gegen die indische Opposition. Differenzen zwischen politischen Parteien sind stets im Sinne der Briten. „The government took advantage of the split between the Moderates and the Extremists to break the latter's strength." (P. Heehs, India's Freedom Struggle, S. 70): Die Kolonialherren wirken vor allem den politischen Extremisten entgegen, um ihre Herrschaft zu schützen. Viele indische Führer politischer Parteien und Gruppierungen werden inhaftiert (z.B. Tilak 1908, Führer der Extremist Party) oder flüchten ins Exil.

Kurz vor Einführung des Indian Council Acts 1909 zeigt sich die „Divide-et-impera-Strategie" der Briten noch einmal ganz deutlich: „ At the same time that the government was trying to crush the Extremists, it was making effort to rally the Moderates. This attempt to divide the united front of nationalism was successful for several years. The Moderates were wiling to co-operate because they had been promised that they would soon get what they long had been waiting for – genuine governmental reform – but only if they behaved themselves." (P. Heehs, India's Freedom Struggle, S. 71). Auch wenn die Morley-Minto-Reformen noch kein konkretes Mitspracherecht der indischen Legislative festsetzen, öffnen sie für die indische Bevölkerung ein Stück weit mehr die Tür zur Politik. Durch die Einführung der separaten Wählerschaft für Muslime in Indien wird das Bewusstsein für die muslimische Minderheit gezielt geweckt. D. Rothermund beschreibt die Einführung der separaten Wählerschaft als „Schönheitsfehler" (Geschichte Indiens, S. 68), der sich durch alle folgenden Pakte und Reformen ziehen wird, „weil sie von den Muslimen inzwischen als politischer Besitzstand betrachtet wurden" (ebenda, S. 71). Zudem bieten jegliche Privilegien Angriffsflächen für Konflikte zwischen Bevorzugten und Benachteiligten. In den folgenden politischen Debatten bleibt die Sonderstellung der muslimischen Minderheit, wodurch die Spaltung zwischen Hindus und Muslimen noch deutlicher wird. Im Auftrag von Mohsin-ul-mulk, einem muslimischen Politiker, sollte die muslimische Minderheit als „separate community" (P. Heehs, India's Freedom Struggle, S. 74) repräsentiert werden. Heehs beschreibt diesen Schritt als „step that would drive the wedge between Hindus and Muslims still deeper" (ebenda).

Die Morley-Minto-Reformen dienen dazu, die indische Bevölkerung ruhig zu stellen. Sie darf an der Politik teilhaben, sogar mitsprechen und mitwirken, doch bleibt eine direkte Entscheidungskraft und Einflussnahme in der Legislative weiterhin in britischer Hand. Gleichzeitig wird die politische und gesellschaftsstrukturelle Teilung gezielt provoziert. Morley wird aus einer Stellungnahme im Parlament wie folgt zitiert: „If it could be said that this chapter of reforms led directly or indirectly to the establishment of a parliamentary system in India, I for one would have nothing at all to do with it"(P. Heehs, India's Freedom Struggle, S. 72). Der Brite ist weit davon entfernt, der indischen Bevölkerung ein Recht auf Kontrolle, Gesetzgebung oder ernstzunehmender politischer Beratung zu übertragen.

Mit der Rücknahme der Teilung Bengalens 1911 sind die Muslime, die sich über die Jahre mit ihrer neu erstarkten Identität verbunden haben, verärgert. In dieser muslimischen Identität wachsen panislamische Gefühle, die eine Verbundenheit zur Türkei als islamischem Staat erklären. In den Balkankriegen 1912/1913 werden die panislamischen Gefühle durch den Einsatz der Briten gegen die Türkei provoziert. Muslimische Gefühle erheben sich über vorherige Loyalität zu den Briten – die Identität der Muslime wird mehr und mehr gefestigt und bekräftigt ihre politischen Aktivitäten (vgl. 1919: Kalifatsbewegung). Da nun auch in der Muslim-Liga die Forderung nach Selbstregierung lauter wird, nähern sich der Indische Nationalkongress und die Muslim-Liga wieder an. Dennoch sind sie sich der Veränderungen in den vergangenen Jahren bewusst. Die Briten haben ihre Arbeit getan: Die Gesellschaftsstruktur ist geteilt, die Unterschiede erkannt. Hierarchische Prinzipien, Macht und Unterwerfung sind noch klarer als zuvor. Mit dem Lucknow-Pakt von 1916 scheint es zu einer Einigung der Muslim-Liga und des Indischen Nationalkongress zu kommen, was die Parteien auf dem gemeinsamen Weg zur Unabhängigkeit wieder einen kann. Doch zugleich zementiert der Pakt die dauerhafte Trennung von Hindus und Muslimen. Die muslimische Gesellschaft wird als Minderheit im „Anderssein" bestärkt. „In order to obtain the adhesion of the League, Congress leaders agreed to Muslim demands for separate electorates and weighted representation in the Council." (P. Heehs, India's Freedom Struggle, S. 79)

Der spätere Versuch Gandhis, Muslime und Hindus wieder zusammenzubringen, wirkt von Anfang an zum Scheitern verurteilt. Zu tief sitzen die Schläge, mit denen die britische Hand die indische Gesellschaft in zwei Lager gespalten hat.

Mit dem gemeinsamen Streben nach Selbstregierung wird ab 1916 die All India Home Rule League aktiv. Im Zuge der neuen Bewegungen im Land stellen Staatssekretär Montagu und

Vizekönig Chelmsford um 1918 den nach ihnen benannten Bericht vor, „in which they proposed giving at once some measure of responsability to representatives chosen by an electorate'." Sie schlagen ein zweigeteiltes System vor, in dem den indischen Provinzen eine begrenzte Selbstregierung zugesprochen wird, die die Bereiche der gesundheitlichen Versorgung, Bildung und Arbeit beinhaltet („transferred subjects"; (P. Heehs, India's Freedom Struggle, S. 81). Die Bereiche um die Exekutive, Gesetze und Finanzen bleiben aber weiter in britischer Hand („reserved subjects"; ebenda).

Die Briten versuchen weiterhin an ihrer Macht festzuhalten, obwohl nationale Bewegungen, Home-Rule- und Freiheitsbewegungen wachsen. Geteilt ist die „Meute" – solange sie mit den geschürten innergemeinschaftlichen und interreligiösen Konflikten beschäftigt ist, kann die Krone regieren. Bricht die „Meute" zu sehr aus, wird mit Repressionen und zunehmender Gewalt regiert und reagiert. Das Massaker von Amritsar (1919) zeigt einen der blutigen Höhepunkte der zunehmend bröckelnden britischen Herrschaft.

Im Montagu-Chelmsford-Report heißt es weiter: „[C]ommunal electorates were a very serious hindrance to the development of the self-governing principle' "(P. Heehs, India's Freedom Struggle, S. 82). Doch die separate Wählerschaft für Muslime wurde im Lucknow-Pakt von 1916 bereits vom Indischen Nationalkongress akzeptiert und ist für Muslime nicht mehr wegzudenken. Sie entstand als Folge der fortschreitenden und konsequenten britischen Führung. So ist die Gesellschaft in Abhängigkeit von den Briten geraten: Mit ihnen geht es nicht, aber ohne sie, so die Angst, könnte das Chaos noch größer werden – impera, solange es geht!

Wir und die „Anderen" – die gesellschaftliche Teilung begleitet den gesamten Aufenthalt der Briten auf indischem Territorium vom ersten bis zum letzten Tag. Denn in dem Moment, in dem sie den Subkontinent betreten, sind auch sie ein Teil der Gesellschaft. Ein Teil der Gesellschaft, die zu jener Zeit in jener Region zusammenlebt – oder der Teil, der sich abgrenzt und sich in weißer high society mit einem Palmenwedel Luft gegen die Hitze zufächeln lässt.

Mit der Niederschlagung der großen Revolte von 1857 ist der erste große Versuch der Briten, die Gesellschaft zu spalten, gelungen. Doch trotz jahrzehntelanger Folgeverwirrungen zeigt sich schon bald, dass diese Sprengung die indische Bevölkerung wachgerüttelt hat. Die indische Renaissance ist eröffnet und geht einher mit einer starken Rückbesinnung auf eigene Geschichte, Kultur und Tradition. So wächst eine Kraft, die über jeder Spaltung steht. Diese Kraft richtet sich gegen die britische Herrschaft, gegen die Fremdbestimmung und

Unterdrückung. Im Freiheitskampf ab 1920 zeigen sich Kräfte, die nur durch das klare Bewusstsein eigener Werte entfaltbar sind. Sie führen 1947 zur nationalen Unabhängigkeit von der Britischen Krone.

Doch die Teilung der Gesellschaft bleibt. Sie ist Teil der Menschen geworden. Das „Anderssein" ist verinnerlicht, das „Fremdsein" ist Alltag. Die religiöse Teilung, die einst nur britisches Mittel zum Zweck war, wird schwarz auf weiß festgehalten und beschlossen. 1947 gebärt sie eine neue Nation, eine muslimische Nation, erpresst aus „Mutter Indien". West- und Ost Pakistan, das heutige Bangladesh, sind geboren, Indien traumatisiert.